BEI GRIN MACHT SICH IHR WISSEN BEZAHLT

Management im Unternehmen

Das Geschäftsmodell der Firma Campini

Valentin Rübensal

Bibliografische Information der Deutschen Nationalbibliothek:

Die Deutsche Nationalbibliothek verzeichnet diese Publikation in der Deutschen Nationalbibliografie; detaillierte bibliografische Daten sind im Internet über http://dnb.d-nb.de abrufbar.

ISBN: 9783346402660
Dieses Buch ist auch als E-Book erhältlich.

Druck und Bindung: Books on Demand GmbH, Norderstedt Germany
Gedruckt auf säurefreiem Papier aus verantwortungsvollen Quellen

Das vorliegende Werk wurde sorgfältig erarbeitet. Dennoch übernehmen Autoren und Verlag für die Richtigkeit von Angaben, Hinweisen, Links und Ratschlägen sowie eventuelle Druckfehler keine Haftung.

Das Buch bei GRIN: https://www.grin.com/document/1009463

Einsendeaufgabe

Modulprüfung zur Managementlehre – Alternative A: Das Geschäftsmodell der Firma Campini

abgegeben am 16. November 2020 über den Online-Campus

SRH Fernhochschule

Modul: Managementlehre (MMANLE)

Studiengang: Wirtschaftspsychologie, Leadership und Management M.Sc.

von

Valentin Rübensal

Inhaltsverzeichnis

Abbildungsverzeichnis

1. Einleitung

Ein Unternehmen zu führen heißt, sich immer neuen Herausforderungen zu stellen. Dies zeigt sich nicht zuletzt darin, dass die Anforderungen, die an Unternehmen in der heutigen Zeit gestellt werden, immer höher werden und sich im Wandel der Gesellschaft immer wieder verändern oder weiterentwickeln. Völlig unterschiedliche Personengruppen erwarten ein bestimmtes Verhalten, eine bestimmte Linie, die das Unternehmen verfolgt, weil sie es aus ihrer Sicht für richtig halten.[1] Dieses Phänomen bedeutet für viele Gründer und Gründerinnen im Alltag, dass sie jede ihrer Handlungen bedacht wählen müssen, da sie es am Ende sind, die die Verantwortung für den Erfolg des Unternehmens tragen. Und dieser wird – zumindest im Bereich gewinnorientierten Wirtschaftens – maßgeblich von externen Personen und anderen Organisationen beeinflusst. Allen voran die Kunden, die entscheiden, ob ein Unternehmen überhaupt eine Daseinsberechtigung hat oder ob es nur einen weiteren zum Scheitern verurteilten Versuch darstellt, sich neben bereits bestehenden und etablierten Konkurrenten zu behaupten.

Die Universität Duisburg Essen hat in diesem Jahr erhoben[2], dass fast 70% aller Start-Ups in Deutschland mit dem Problem der Kundengewinnung kämpfen. Zudem sehen sich über 40% mit der Aufgabe der Kapitalbeschaffung konfrontiert. Aufgrund dieser zunehmend relevanten Thematik ist es notwendig, dass Unternehmen ein Konzept entwickeln, dass ihnen hilft, sowohl intern als auch extern eine transparente Kommunikation zu gewährleisten und dass es ihnen ermöglicht, ihre Prozesse dementsprechend anzupassen[3]: Ein Geschäftsmodell.

Diese Arbeit beschäftigt sich mit einer Variante eines Geschäftsmodells und stellt den Bezug zur Praxis durch die Veranschaulichung an dem fiktiven Unternehmen "Campini" dar. Im ersten Teil wird erläutert, wie das Unternehmen aufgebaut ist, welchen Nutzen es hat und wie es Erträge erwirtschaftet. Im zweiten Teil wird dann betrachtet, welche der oben genannten Personengruppen es beachten sollte.

---

[1] Vgl. Siegel (2019), S. 18; Vgl. Faust/Lotter (2017), S. 437
[2] Vgl. Bundesverband Deutsche Startups (2020)
[3] Vgl. Übelhör (2018), S. 458 ff.; Vgl. Vgl. Wehrum/Mainoo (2014), S. 63

2. Der Begriff des Geschäftsmodells sowie der Stakeholder

Ein Geschäftsmodell ist eine Kurzbeschreibung, sozusagen ein "Meta-Konzept" dessen, was eine Organisation ist, was sie tut, welchen Nutzen sie ihren Kunden bietet und wie sie sich finanziert. Es hilft bei der Unternehmensführung in der Planung, der internen sowie externen Kommunikation und der praktischen Umsetzung, da es die wichtigsten Faktoren des Unternehmens auflistet, eine Finanzstruktur aufzeigt und die wichtigsten Beziehungen innerhalb des Unternehmens sowie zu externen Anspruchsgruppen darstellt.[4]

Als Unternehmensführung wird in diesem Zusammenhang das gestaltende Eingreifen in den Wertschöpfungsprozess einer Organisation verstanden.[5] Eine Organisation meint dabei ein soziales Gebilde, das zielgerichtete Leistungen für verschiedene Anspruchsgruppen erbringt und in einer engen Wechselwirkung zu seiner Umwelt steht.[6] Kurz gesagt liefert ein solches Geschäftsmodell genau das, was die Führungsebene für die Lösung der in der Einleitung genannten Probleme benötigt.

Allerdings ist die reine Definition dessen, was ein Geschäftsmodell leistet, immer noch sehr abstrakt und wenig greifbar. Daher gibt es in der wirtschaftswissenschaftlichen Literatur viele verschiedene Ansätze, ein solches Konzept in eine anschauliche und vor allem für die Praxis brauchbare Form zu bringen. Die wohl am weitesten verbreitete und bekannteste ist die "Business Model Canvas" nach Osterwalder und Pigneur:[7]

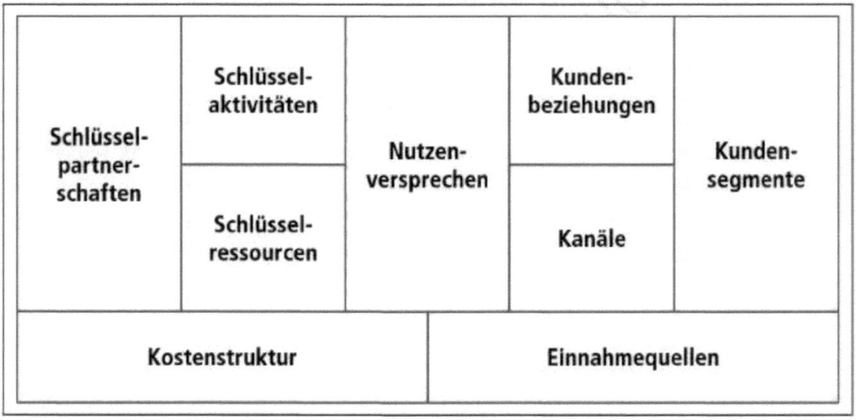

Abbildung 1: Business Model Canvas (Quelle: Mettig (2018), S. 19)

[4] Vgl. Mettig (2018), S. 18; Vgl. Lukas (2018), S. 157; Vgl. Jodlbauer (2020), S. 2 f.
[5] Vgl. Mettig (2018), S.12
[6] Vgl. Mettig (2018), S. 20
[7] Vgl. Faust/Lotter (2017), S. 434; Vgl. Schlimbach/Ashghari (2020), S. 867 f.; Vgl. Lukas (2018), S. 146 ff.

Wie in der Abbildung nun zu sehen ist, führt die Auflistung eines Geschäftsmodells alle wichtigen Einflussfaktoren und Merkmale des Unternehmens auf.[8]

In der Mitte befindet sich der Kern des jeweiligen Unternehmens: das Wert- oder Nutzenversprechen. Es beschreibt das Angebot der Organisation, für ein bestimmtes Kundensegment einen spezifischen Auftrag zu erledigen beziehungsweise ein konkretes Problem zu lösen. Der Kundennutzen kann durch eine Arbeitserleichterung, Preiseinsparungen, Bequemlichkeitsvorteile, die Anpassung an individuelle Kundenwünsche oder das Angebot von Neuheiten erzielt werden und sollte im Idealfall von dem Wettbewerb, das heißt von bereits bestehenden Angeboten oder Lösungen, abgrenzt sein.[9] Dabei bestimmt der jeweilige Abnehmer der Leistungen, ob die Lösung des vorliegenden Unternehmens nun einzigartig oder auf eine bessere Weise erfolgt als bei der Konkurrenz. In dieser Entscheidung liegt die Alleinstellung oder Positionierung des Unternehmens.

Die oben genannte Umwelt, in der sich die Organisation befindet, ist im Wesentlichen durch die verschiedenen Anspruchsgruppen definiert, die auf das Unternehmen einwirken, Ansprüche stellen, es beeinflussen und von ihm beeinflusst werden.[10] Die wohl wichtigste dieser Anspruchsgruppen sind die Kunden, da diese maßgeblich über den Wert des Unternehmens bestimmen. Die Quantität der Nachfrage der Kunden bestimmt darüber, ob das Unternehmen tatsächlich eine Daseinsberechtigung hat und die Leistungen aus dem Nutzenversprechen auch in der Praxis notwendig sind. Daher beschreibt der zweite wichtige Baustein der Matrix die Kundensegmente des Unternehmens.

In diesem Kontext werden auf der rechten Seite des Schaubildes außerdem die Kundenbeziehungen sowie die Kanäle der Kommunikation zu diesen aufgeführt. Diese Sektoren beschreiben die Art, wie die Interaktion mit den Kunden gestaltet ist, das heißt ob sie zum Beispiel eher persönlich, durch Selbstbedienung beziehungsweise über technisch gelösten E-Commerce, über Foren, oder komplett automatisiert abläuft. Auf welche Weise ein Unternehmen mit seinen Kunden interagiert kann die interne Kultur, das Marketing und noch viele weitere Bereiche stark beeinflussen.[11]

Ähnlich wie es bei einer Bilanz eine Aktiv- und eine Passivseite gibt, stellt auch die "Business Model Canvas" die Unternehmenseinsätze auf der linken Seite den Unternehmensausgängen auf der rechten Seite gegenüber. Demnach findet sich rechts

---

[8] Vgl. Osterwalder/Pigneur (2010), S. 44 ff.
[9] Vgl. Mettig (2018), S. 22 f.; Vgl. Müller-Stewens/Lechner (2011), S. 372 ff.
[10] Vgl. Mettig (2018), S. 20 ff.
[11] Vgl. Mettig (2018), S.31 f.

alles, was das Unternehmen zur Verbreitung des Nutzens an die Endnutzer benötigt, sozusagen um die produzierte Leistung "an den Mann zu bringen". Auf der Gegenseite sind alle Faktoren aufgelistet, die zur Erstellung der jeweiligen Leistung benötigt werden.

Allen voran werden die Schlüsselressourcen genannt. Der Begriff der Ressource ist ein sehr weitläufiger und im jeweiligen Kontext zu betrachtender. Daher soll in diesem Zusammenhang und in Bezug auf den Kontext der Unternehmensführung eine Ressource als Mittel bezeichnet werden, welches zur Bewältigung der Schlüsselaktivitäten und damit zur Verfolgung der Unternehmensziele beziehungsweise der Erfüllung des Wertversprechens benötigt wird. Bei diesen Mitteln kann zwischen physischen oder materiellen, wie etwa Roh- und Betriebsstoffen, intellektuellen oder immateriellen, wie bestimmten Fähigkeiten, Technologien oder Prozessen, menschlichen und finanziellen Ressourcen, unterschieden werden.[12]

Besonderes Augenmerk sollte allerdings – auch in Bezug auf die Kostenstruktur im Kapitel 3.2 – auf diejenigen Ressourcen gelegt werden, die einen Wert erzeugen, für deren Erstellung allerdings keine oder nur sehr geringe Kosten anfallen. Bei diesen "kostenlosen" Ressourcen, etwa Rezensionen oder Beiträgen in sozialen Medien, erfolgt nämlich eine Ertragssteigerung ohne zusätzlichen Kostenaufwand.[13]

Um die übrigen Ressourcen zu Erträgen umzuwandeln, sind gewisse Schlüsselaktivitäten nötig. In diesem Abschnitt der Übersicht wird mithilfe der Wertschöpfungskette gezeigt, wie die bestehenden Probleme der Kunden gelöst werden.[14] Dabei wird vor allem unterschieden in Primäraktivitäten, das heißt alle Tätigkeiten, die auch tatsächlich und direkt zu einer Steigerung des Ertrages führen, und Unterstützungsaktivitäten, die notwendig sind, um diese Primäraktivitäten auch durchführen zu können. Bei letzterem spricht man oft vom klassischen "Management".[15] Allerdings kann die Aufstellung dieser Schlüsselaktivitäten vor allem auch im Vergleich mit anderen Unternehmen der Branche nützlich sein, da hierbei der Einfluss auf den Markteintritt neuer Konkurrenten sowie die Auswirkungen von Veränderungen auf die Organisation und deren Branche analysiert werden kann. Darüber kann auf Organisationsebene festgestellt werden, welche Produktions- und Vermarktungsschritte die "money making activities" darstellen, das bedeutet welche der Schritte ausschlaggebend für das abschließende Ergebnis sind. Durch diese Betrachtung kann auch im Rahmen von sogenannten "Make or Buy"-Entscheidungen festgelegt werden,

---

[12] Vgl. Mettig (2018), S. 48 ff.; Vgl. Knoke (2017), S. 30 ff.; Vgl. Müller-Stewens/Lechner (2011), S. 385 ff.; Vgl. Jodlbauer (2020), S. 28 ff.
[13] Vgl. Mettig (2018), S. 34
[14] Vgl. Mettig (2018), S. 23 ff.
[15] Vgl. Mettig (2018), S. 24

ob gewisse Teile der Wertschöpfungskette fremdvergeben werden können, oder ob sie weiterhin im Hause bleiben sollten. Zusammenfassend können Schlüsselaktivitäten grundlegend in verschiedene Kategorien, wie beispielsweise die Produktion, die Problemlösung, und die Plattform beziehungsweise das Netzwerk, gegliedert werden. Außerdem haben sie maßgebenden Einfluss auf die Gestaltung der Wertschöpfungsarchitektur.[16]

Auf der Unterseite des Schaubildes ist die Wertgenerierung, im Genaueren die Kosten- und Einnahmenstruktur zu sehen. Hier wird erörtert, welche Ertragsmechanik das Unternehmen aufweist. Es werden alle Einnahmen und Kosten gegenübergestellt und so ermittelt, ob das Unternehmen gewinnbringend arbeitet oder Verluste erwirtschaftet.[17] Dabei sind Kosten als negative Konsequenzen einer erfolgswirksamen Nutzung von Produktionsfaktoren zu verstehen.[18] Das bedeutet, dass darunter vor allem die zu entrichtenden Zahlungen für die Nutzung der oben genannten Ressourcen, also insbesondere Material-, Betriebs- und Personalkosten, gefasst werden. Hinzu kommen noch kalkulatorische Kosten, wie etwa Abschreibungen der Gebäude und Geräte anhand der Nutzungsdauer.[19] Die Einnahmen wiederum zeigen, über welche Mechanismen ein Unternehmen Erträge generiert. Dies kann unter anderem durch den Verkauf von Produkten, Nutzungs- oder Mitgliedsgebühren, Lizenzen, Provisionen oder Werbung erfolgen.[20]

Zum Schluss sind auf der linken Außenseite noch alle Schlüsselpartnerschaften aufgeführt. Darunter können unter Anderem Kapitalgeber, der Staat, Lieferanten, Wettbewerber, die Öffentlichkeit, die Mitarbeiter, die Eigentümer, und die Kunden gezählt werden – also alle Einheiten der Umwelt, die einen Einfluss auf das Unternehmen haben und von ihm beeinflusst werden.[21]

Um eine Betrachtung dieser Anspruchsgruppen überhaupt erst zu ermöglichen ist es jedoch vorerst nötig, den "Stakeholder-Ansatz" als Grundlage zu erläutern. Der Begriff "Stakeholder" beschreibt dabei nach der englischen Wortherkunft alle "Teilhaber" oder "Anspruchsgruppen", die in Verbindung zu dem betrachtenden Unternehmen stehen.[22] Der Ansatz selbst geht von der Annahme aus, dass ein Unternehmen nicht unabhängig und im freien Raum agiert, sondern sich immer in einer gewissen Wechselwirkung zu

---

[16] Vgl. Mettig (2018), S.23 ff.; Vgl. Müller-Stewens/Lechner (2011), S. 356 ff.
[17] Vgl. Mettig (2018), S. 33 f.
[18] Vgl. Olfert (2010)
[19] Vgl. Mettig (2018), S. 34
[20] Vgl. Mettig (2018), S. 34 ff.
[21] Vgl. Wehrum/Mainoo (2014), S. 63
[22] Vgl. Siegel (2019), S. 19

verschiedensten "Stakeholdern" befindet.[23] In gewisser Weise erfolgt also eine bipolare Betrachtung des Unternehmens, weil gleichzeitig auf das Interesse des Unternehmens (oder deren Eigentümer) und die unterschiedlichen Ansprüche der anderen Personengruppen geachtet wird und die Betrachtung nicht rein aus der Perspektive der Organisation selbst erfolgt.[24]

Wie die nachstehende Abbildung zeigt, können die verschiedenen Anspruchsgruppen nach ihren Interessen und Zielen grundsätzlich in vier Kategorien unterteilt werden, von denen zwei als interne und nochmals zwei als externe Stakeholder-Gruppen bezeichnet werden.[25]

	Anspruchsgruppen	Interessen / Ziele
interne Anspruchsgruppen	Gründer | Eigentümer	- Einkommen/ Gewinn - Entscheidungsautonomie - Erfolg
	Kapitalgeber	- sichere Geldanlage - Zuwachs an Vermögen
	Mitarbeiter	- faires Einkommen - soziale Absicherung - persönliche Fortentwicklung - sinnvolle Aufgaben - soziale Kontakte am Arbeitsplatz - Anerkennung
	Lieferanten	- günstige Konditionen - zahlungsfähige Kunden/ Abnehmer - dauerhafte Kunden/ Abnehmer
externe Anspruchsgruppen	Abnehmer	- angemessene Marktleistung zu einem günstigen Preis
	Konkurrierende Anbieter	- faires Marktverhalten - Kooperationen
	Öffentlichkeit	- Steuern - Bereitstellen von langfristigen und sicheren Arbeitsplätzen - Sozialleistungen - Einhalten von Rechtsvorschriften - Mitwirkung an der politischen Willensbildung - umweltfreundliches Verhalten - Förderung von Bildung, Wissenschaft, und Kultur - positive Beiträge zur Infrastruktur

Abbildung 2: Anspruchsgruppen (Quelle: Siegel (2019), S. 22)

In der ersten Kategorie – Gründer, Eigentümer und Kapitalgeber – befinden sich alle Personen, die finanziell am Unternehmen beteiligt sind. Daher steht hier neben dem

---

[23] Vgl. Wehrum/Mainoo (2014), S. 59 ff.; Vgl. Siegel (2019), S. 19 ff.
[24] Vgl. Mettig (2018), S. 11; Vgl. Müller-Stewens/Lechner (2011), S. 597 f.
[25] Vgl. Siegel (2019), S. 22

autonomen Arbeiten als persönliche Komponente vor allem das Einkommen und die Stabilität im Vordergrund.[26]

Indirekt beeinflusst dieses Interesse auch die zweite Gruppe der sogenannten Bezugsquellen, da sie von dem Erfolg des Unternehmens profitieren. Daneben ist es selbstverständlich auch im Sinne der Mitarbeiter einen in Bezug auf die Arbeitsbedingungen zufriedenstellender Arbeitsplatz inne zu haben. Für die Lieferanten wiederrum ist eine für sie möglichst vorteilhafte Kooperation mit der Organisation von hoher Priorität.[27]

Bei der dritten Anspruchsgruppe der Abnehmer steht vor allem das bestmögliche Erfüllen des Nutzenversprechens im Vordergrund. Insbesondere eine qualitativ hochwertige Leistung zu niedrigen Preisen bei umfassender Betreuung trägt hier zur Zufriedenheit bei.[28]

Zuletzt bleibt noch die Kategorie der übrigen externen Stakeholder – der Öffentlichkeit einschließlich der Mitbewerber sowie aller beteiligten Behörden. Diese Gruppe weist wiederum sehr individuelle Interessen auf, die sich teilweise mit den bisher genannten decken oder diesen entgegenstehen. So ist der finanzielle Erfolg hier beispielsweise weniger von Bedeutung als die wirtschaftliche Stabilität, selbst wenn dies oft Hand in Hand geht. Zudem wird hier ein Beitrag zur Gesellschaft gefordert, sei es durch die Mitwirkung in politischen Themen, die Förderung der Wissenschaft oder durch die Sicherstellung der Arbeitsplätze.[29]

Durch die verschiedenen Anspruchsgruppen kommt es in der Praxis oft zu Konflikten kommen, deren Bereinigung zu einer der Hauptaufgaben der Unternehmensführung zählt.[30] Wie die Wechselwirkung zwischen den unterschiedlichen Personengruppen gestaltet ist wird im Rahmen der praktischen Analyse der Firma Campini im Kapitel 3.3 vertieft.

---

[26] Vgl. Siegel (2019), S. 23 und 55 ff.
[27] Vgl. Siegel (2019), S. 23 und 107 ff.
[28] Vgl. Siegel (2019), S. 24 und 149 ff.
[29] Vgl. Siegel (2019), S. 24 f. und 179 ff.
[30] Vgl. Siegel (2019), S. 22 ff.; Vgl. Mettig (2018), S. 30 ff.; Vgl. Müller-Stewens/Lechner (2011), S. 150 ff.; Vgl. Faust/Lotter (2017), S. 439; Vgl. Porter (1985), S. 5 f.; Vgl. Wehrum/Mainoo (2014), S. 61

3. Das Geschäftsmodell der Firma Campini

3.1 Die Eckdaten des Unternehmens

Die Firma Campini ist ein international erfolgreiches Familienunternehmen, das 1970 gegründet wurde und Ihren Sitz in Lübeck hat. Es wird davon ausgegangen, dass das Unternehmen sich gesetzlich auf eine private Rechtsform festgelegt hat und als gewerbetreibende Organisation mit eigener Rechtspersönlichkeit gewinnorientiert arbeitet. Daher kann hier von einem Unternehmen der Privatwirtschaft gesprochen werden.[31] Dies ist insofern von Bedeutung, als dass sich aus dieser konstitutiven Entscheidung Konsequenzen für die Regelungen bezüglich der Haftung, der Finanzierungsmöglichkeiten, der Leitungsbefugnisse, der Gewinn- und Verlustbeteiligung und der Publizität sowie der Rechnungslegung ergeben. Außerdem hat sie Auswirkungen auf die zu tätigenden, rechtsformabhängigen Aufwendungen, die Steuerbelastung und die Möglichkeiten bezüglich der Unternehmenskontinuität.[32] Auf welche der gesetzlich vorgegebenen Alternativen sich eine Organisation festschreibt hat also sehr weitgreifende Folgen für die Struktur und den Alltag dieser und sollte daher im Voraus sehr gut abgewägt werden. Im vorliegenden Beispiel wäre wohl die Wahl einer Rechtsform als Kapitalgesellschaft aufgrund der eigenen Rechtspersönlichkeit, der personenunabhängigen Struktur und der hohen Haftungsbeschränkung sehr sinnvoll, insbesondere weil sich das Familienunternehmen Campini mit der hoch liegenden Eigenkapitalquote nicht um eine Finanzierung durch Fremdkapital bemühen muss.

Der Schwerpunkt des Unternehmens befindet sich im Bereich der Produkte und Dienstleistungen rund ums Camping. Die Produktpalette umfasst unter anderem Zubehör für Wohnwägen und Reisemobile, wie etwa Heiz- und Klimasysteme, Warmwasserzubereitungen, Rangiersysteme für Caravans, Gasdruckregler-Anlagen und Energiesysteme, aber auch neuartige und qualitativ hochwertige Problemlösungen sowohl für die Erstausrüster als auch den klassischen Endkunden der Branche. Alles in allem ist das Angebot der Firma damit sehr breit aufgestellt und zeichnet sich durch eine sehr umfassende Behandlung der Probleme seiner Nutzer aus, ohne dabei an Qualität einzubüßen.

Wie oben bereits erwähnt weist die Organisation eine außergewöhnlich hohe Eigenkapitalquote auf, finanziert sich also bezüglich ihrer Investitionen vollumfänglich aus eigenen Mitteln und hat keine Verbindlichkeiten bei Banken zu verzeichnen. Der wirtschaftliche Erfolg sorgt also durchaus für eine stabile Position bezüglich der

---

[31] Vgl. Knoke (2017), S. 73 ff.
[32] Vgl. Knoke (2017), S. 77 f.

Finanzen, die das Unternehmen zu großen Teilen vor Schwankungen und äußeren Einflüssen, wie etwa gesellschaftliche oder politische Veränderungen, schützt.

Welche Erfolgsfaktoren sich die Organisation erarbeitet hat, soll nun im Weiteren anhand der "Business Model Canvas" analysiert werden.

3.2 Das Geschäftsmodell anhand der "Business Model Canvas"

Im Mittelpunkt jeder Organisation steht das Nutzenversprechen.[33] Campini bietet seinen Kunden hochwertige Ausstattungen für den Camping- und Caravan-Bereich und möchte damit den Nutzern ihrer Produkte und Dienstleistungen ermöglichen, in der Natur zu übernachten und dies möglichst bequem und problemfrei gestalten zu können.

Neben diesem "Business to Customer"-Service stellt Campini im "Business to Business"-Bereich außerdem Produkte für die Ausrüster in dieser Branche zur Verfügung, weswegen fraglich ist, ob das Unternehmen nicht sogar mehrere Geschäftsmodelle betreibt, die sich lediglich durch den Themenbereich ergänzen. Aufgrund der Tatsache jedoch, dass die angesprochenen Erstausrüster lediglich die "Mittelmänner" sind, die die Produkte der Firma im zweiten Schritt an die Endkunden weiterverkaufen, werden die übrigen Bereiche des Geschäftsmodells in seiner Gesamtheit betrachtet. Der Vertriebsweg über sogenannte "Original Equipment Manufacturer" ist dabei nur eine strategische Entscheidung, die die Nachfrage diversifiziert und damit den Gewinn der Organisation erhöht.[34]

Campini zeichnet sich neben der hohen Qualität ihrer Produkte und Dienstleistungen durch eine kontinuierliche Verbesserung und Optimierung ihres Portfolios aus und positioniert sich in Bezug auf den Wettbewerb als Pionier. Immer neue Innovationen ermöglichen es dem Unternehmen als "First Mover" zu agieren und dadurch eine Monopolstellung zu erlangen[35], bevor Wettbewerber ähnliche oder gar gleiche Leistungen anbieten können. Zudem unterscheidet sich das Angebot neben dieser Einzigartigkeit wie bereits beschrieben durch einen hohen Qualitätsmaßstab. Die Organisation schafft es also, Leistungen für ihre Kunden nicht nur besser, sondern auch anders anzubieten und kann so möglichst viele Kunden an sich binden.

In Bezug auf die Kundensegmente kann hier von einer klassischen Segmentierung gesprochen werden.[36] Campini erfüllt – wie oben erläutert – im selben Geschäftsmodell

---

[33] Vgl. Mettig (2018), S. 22; Vgl. Müller-Stewens/Lechner (2011), S. 372 ff.
[34] Vgl. Mettig (2018), S. 22
[35] Vgl. Mettig (2018), S. 141 ff.
[36] Vgl. Mettig (2018), S. 20 f.

zwei ähnliche, aber nicht deckungsgleiche Wertversprechen gegenüber privaten Endnutzer und Erstausstattern. Die breite Produktpalette ermöglicht es ihnen, zwischen diesen und auch innerhalb der jeweiligen Kundensegmenten eine ausreichende Differenzierung zu gewährleisten. So werden die Ansprüche, die ein Endkunde, der seinen Urlaub mit der Familie auf einem Campingplatz verbringen möchte, an seine Ausrüstung stellt, genauso erfüllt, wie die eines Wildcampers, der alleine in der Natur übernachten möchte. Allerdings bestehen darüber hinaus innerhalb der verschiedenen Personengruppen erhebliche Unterschiede bei der Erwartung an die Preisgestaltung und den Funktionsumfang. Es stellt sich auch die Frage, welches Produktdesign für die jeweiligen Kunden am ansprechendsten ist. Während manchen Menschen das Aussehen ihrer Camping-Ausrüstung sehr wichtig ist, steht für andere die Funktionalität im Vordergrund. Nicht zuletzt ergibt sich aus dieser Diversifikation der Kundenerwartungen die Aufgabe, möglichst effektive Vertriebswege und Marketingstrategien für jede Kundengruppe der einzelnen Segmente zu etablieren.[37] Dies gilt gerade auch, weil der Markt des Campings sich wachsender Nachfrage erfreut, sehr stark umkämpft und damit auch starken Veränderungen ausgesetzt ist.

Aus diesem Grund hat sich das Unternehmen Campini hinsichtlich ihrer Schlüsselaktivitäten entschieden, ihre Wertschöpfungskette zu vertikalisieren. Darunter ist zu verstehen, dass die Organisation im Sinne einer Integrator-Architektur[38] möglichst große Teile ihrer Wertschöpfungskette selbst erledigt, um flexibler und schneller auf Veränderungen und Trends reagieren zu können. Eine losgelöste Aufteilung von Hersteller und Lieferanten erscheint heutzutage nicht mehr zeitgemäß. Daher ist es für Unternehmen – insbesondere in von hoher Nachfrage und hohem Innovationsgrad – wichtig, ihre "dynamic capabilities", also ihre Anpassungsfähigkeit[39], auszubauen, um einen möglichst hohen "Customer Life Value" zu erzielen.[40] Einfach gesagt bedeutet das, möglichst schnell und umfassend auf Trends zu reagieren und einen möglichst guten Service vom Marketing, über die Bestellung bis hin zu Auslieferung des Produktes an den Kunden zu leisten, um deren Kauferfahrung zu steigern und ihn im besten Fall langfristig an das Unternehmen zu binden.

Dies funktioniert vor allem durch sogenanntes "Branding", also dem Aufbau einer "Marke".[41] Der Firma Campini ist es bereits gelungen, die Region um ihren Hauptsitz in Lübeck zu einem Mekka für den Camping und Caravaning Freund zu machen, welches

---

[37] Vgl. Mettig (2018), S.20 ff. Vgl. Müller-Stewens/Lechner (2011), S. 165 ff.
[38] Vgl. Mettig (2018), S.29 f.
[39] Vgl. Mettig (2018), S. 53
[40] Vgl. Pfetsch (2019)
[41] Vgl. Pfetsch (2019)

weltweit einzigartig ist. Dieses "Local Branding" zeichnet sich vor allem dadurch aus, dass die Einwohner und auch andere Interessierte das Thema Camping psychologisch mit der Stadt Lübeck verbinden und sich dementsprechend markenbezogen verhalten.[42] Produkte und Dienstleistungen, die aus dieser Region kommen, werden automatisch als hochwertiger und besser behandelt, sie profitieren vom sogenannten "Herkunftsgoodwill".[43]

Um nun diesem "guten Ruf" auch gerecht zu werden hat sich das Unternehmen Campini vom Geräte- zum Systemlieferant entwickelt. Dabei wurde der Gesamtprozess, den der Kunde durchläuft, verbessert und der Nutzen, also die Lösung seines Problems, optimiert sowie stärker an dessen Bedürfnisse angepasst. Maßnahmen hierfür waren einerseits eine gezielte Rückwärtsintegration, andrerseits eine systematische Vorwärtsintegration. In beiden Fällen handelt es sich um eine vertikale Diversifikation auf Unternehmensebene, also gesamtheitlich um eine Strategie, um das Wachstum der Organisation zu fördern. Ersteres meint die Übernahme von Zulieferern und sorgt für eine bessere Kontrolle der verwendeten Vorprodukte, die Gewährleistung der Versorgung und die Senkung von Kosten. Die Vorwärtsintegration hingegen beschreibt die Implementierung der Kundenbedienung zum Zweck des tieferen Verständnisses über die Zielgruppe und dadurch einer individuelleren Behandlung der Bedürfnisse.[44]

Im Zuge der Digitalisierung hat das Unternehmen zudem die Quantität und Qualität des Kundenservices erhöht. Unter dem Motto "all channels – 24/7 on demand" bespielt das Marketing der Firma möglichst viele (beziehungsweise alle) Kanäle und ist dabei rund um die Uhr verfügbar, wenn der Kunde es benötigt. Dadurch wird das Nutzererlebnis, insbesondere bei auftretenden Problemen beim Kunden, erheblich gesteigert.

Das Thema Kundenbeziehungen und Kanäle steht außerdem unter dem großen Vorzeichen der Internationalisierung. Aufgrund der überlegenen Marktposition und der globalen Stellung des Unternehmens wird die Interaktion mit den Kunden überwiegend online oder per Fernkommunikation möglich sein. Ein persönlicher Kontakt wäre nur bei lokal präsenten Verkaufsstellen oder Marketingmaßnahmen, wie Messen oder anderen Events, möglich. An Kanälen steht dem Vertrieb der Marke Campini alle Möglichkeiten offen. Dazu zählen unter anderem soziale und lokale Medien, Rundfunk und das Internet. Eine Nutzung von mehreren Vertriebswegen ist aufgrund der Zerstreuung der Anforderungen durch die verschiedenen Kundensegmente und deren interner Unterscheidungen sehr sinnvoll. Generell ist die Kommunikation eines so großen

---

[42] Vgl. Rößler (2018), S. 82 ff.
[43] Vgl. Knoke (2017), S. 70
[44] Vgl. Mettig (2018), S.114

Unternehmens mit deren Zielgruppe also eher unpersönlich, dadurch aber wesentlich transparenter, rechtssicherer und global einheitlicher.

Zu den Schlüsselressourcen der Firma zählen vor allem alle materiellen Dinge, die zur Herstellung der physischen und digitalen Leistungen benötigt werden.[45] Darunter fallen sämtliche Grundstücke und Gebäude, die Maschinen und das Material. Ebenso wichtig sind allerdings alle menschlichen Ressourcen.[46] Vor allem auch die Entwicklung und Förderung der Mitarbeiter und Führungskräfte legt Campini besonderen Wert. Gerade weil die Bedeutung von Fachkräften in den letzten Jahren immer mehr zugenommen hat[47], rückt das Personalmanagement auch bei Campini immer mehr in den Mittelpunkt. Intellektuelle Ressourcen, wie etwa bestimmte Verfahren, Prozessschritte und Patente, sind immer härter umkämpft. Hier wäre vor allem die von Innovation geprägte organisatorische Unternehmensausrichtung zu nennen, da diese ausschlaggebend für den anhaltenden Erfolg des Unternehmens ist. Im Sinne einer ressourcen- und wissensorientierten Betrachtung hat es die Organisation so geschafft, strategische Ressourcen zu erstellen und diese zu schützen.[48] Zum Schluss sind noch die finanziellen Ressourcen aufzuführen, welche im Fall der Firma Campini in umfangreicher Maß verfügbar sind und es ihr so ermöglichen, flexibler und zielgerichteter zu handeln.

Als weiterer Baustein des Geschäftsmodells von Campini sind die Schlüsselpartnerschaften aufzuführen. In diesem Teil werden alle weiteren Anspruchsgruppen benannt, welche für das Unternehmen von Bedeutung sind.[49] Aufgrund der Vertikalisierung der Wertschöpfungskette sind diese jedoch auf ein Minimum beschränkt. So fallen Gruppen, die normalerweise für Organisationen relevant sind, hier heraus. Beispielsweise ist Campini nicht auf Kapitalgeber und Lieferanten angewiesen. Es gibt auch keine Dritten, die outgesourcte Dienstleistungen übernehmen, oder Agenturen, die wie es oft der Fall ist, die Marketing-Abteilung unterstützen. Campini ist allerdings dennoch auf seine Mitarbeiter, die Eigentümer und die Kunden angewiesen. Zudem beeinflussen die Öffentlichkeit, andere Wettbewerber und der Staat das Handeln der Organisation. Die Analyse der Beziehungen zwischen diesen Anspruchsgruppen erfolgt dann im Kapitel 3.3.

Abschließend lässt sich noch die Ertragsmechanik der Firma betrachten, um zu erkennen, wie tatsächlich ein Wert generiert wird, der sich für das Unternehmen auch finanziell auszahlt. Campini generiert vor allem durch den Übergang von Eigentum auf

---

[45] Vgl. Mettig (2018), S. 33
[46] Vgl. Müller-Stewens/Lechner (2011), S. 195 f. und S. 385 ff.; Vgl. Jodlbauer (2020), S. 28 ff.
[47] Vgl. Knoke (2017), S. 69
[48] Vgl. Mettig (2018), S. 48 f. und S. 55 f.
[49] Vgl. Mettig (2018), S. 33; Vgl. Wehrum/Mainoo (2014), S. 63

den Endkunden in Gegenleistung für den entsprechenden Kaufpreis sowie durch Entgelte für den Gebrauch bestimmter Güter oder Dienstleistungen Einnahmen. Demnach wären vor allem der Verkauf von Produkten und Nutzungsgebühren zu nennen. Diese Erträge fließen aufgrund des Mangels an Beteiligten oder Kapitalgebern direkt in das Eigenkapital ein und sorgen dafür, dass die Liquidität weiterhin bestehen bleibt.[50]

Diesen Einnahmen müssen aber noch die Kosten gegenübergestellt werden. Durch die Produktion von physischen Produkten und die Vertikalisierung der Wertschöpfungskette weist das Unternehmen eine sehr umfassende Kostenstruktur auf. Neben den Instandhaltungskosten für das Anlagevermögen in Form von Gebäuden, Grundstücken und Maschinen, fallen noch Lager- und Materialkosten an. Auch die kalkulatorischen Kosten in Form von Abschreibungen anhand der Anschaffungskosten und der Nutzungsdauer der jeweiligen Bilanzposten sind nicht zu vernachlässigen. Einen der größten Bausteine dürften jedoch die Personalkosten darstellen, vor allem weil bei Campini großer Wert auf Zufriedenheit, Qualität und Entwicklung der Mitarbeiter und Führungskräfte gelegt wird. Zu guter Letzt ist noch mit diversen Gebühren, Steuern und Aufwendungen zu rechnen, die das Vertreiben von Produkten mit sich bringt.[51]

Alles in allem muss das Unternehmen eine sehr hohe Vollkostenrechnung durch die oben genannten Erträge ausgleichen. Dass Campini dennoch so hohe Gewinne erzielen kann, um eine Expansion der Standorte und der Produktpalette zu ermöglichen, verdankt die Firma einigen Wettbewerbsvorteilen, die sie von Konkurrenten abgrenzt und in eine Monopolstellung bringt.[52]

Einer dieser Erfolgsfaktoren ist die Art und der Grad der Internationalisierung. Durch einen gezielten Markteintritt in Kanada, Asien und Amerika hat sich die Firma sozusagen eine "Weltherrschaft" erarbeitet, die einerseits den Status ihrer Marke fördert, aber auch praktisch gesehen mehr Nachfragegebiete erschließt und damit den Umsatz steigert.[53]

Grundvoraussetzung für diese Marktentwicklung[54] war eine ausreichende Differenzierungsstrategie auf der Gesamtunternehmensebene. Das Produktportfolio von Campini wird von den Kunden als sehr einzigartig empfunden, was die Alleinstellung der Firma sicherstellt und es ermöglicht, für die qualitativ hohen Leistungen auch einen hohen Preis zu verlangen.[55] Da auch zukünftige Produkte, die weltweit vertrieben

---

[50] Vgl. Müller-Stewens/Lechner (2011), S. 395 ff.
[51] Vgl. Olfert (2010)
[52] Vgl. Porter (1985), S. 11 ff.
[53] Vgl. Mettig (2018), S. 131 f.
[54] Vgl. Mettig (2018), S.89 f.
[55] Vgl. Mettig (2018), S. 97 f.

werden, den "Campini-Ansprüchen" gerecht werden sollen, empfiehlt es sich die Produktion weiterhin im Inland zu belassen und die Produktedann zu exportieren. Gerade weil eine Anpassung an lokale Bedürfnisse im Bereich des Campings nicht gerade von hoher Bedeutung sein sollte, kann daher eine globale Exportstrategie sehr erfolgreich sein.[56]

Nicht zuletzt ist für diese Entscheidung eine nachhaltig starke Stellung im Heimatmarkt notwendig. Hierfür hat das Unternehmen durch zwei Faktoren gesorgt.

Zum einen zeichnet die Organisation ihr kontinuierliches Streben nach Neuem aus, welches so tief in der Unternehmenskultur und -struktur verankert ist, dass eine systematische Weiterentwicklung des Service- und Produktangebotes selbstverständlich erscheint. Das macht Campini unabhängiger als herkömmliche Unternehmen und erhöht die Wettbewerbsbarrieren durch das gesteigerte Leistungs- und Serviceportfolio. Durch diese gezielte Produktentwicklung[57] schafft es das Unternehmen die oben erwähnte Monopolstellung zu erhalten und auszubauen und erschwert neuen, aber auch bestehenden Konkurrenten, auf dem Camping-Markt erfolgreich zu sein.

Der zweite Faktor sorgt dafür, dass die neu entwickelten Produkte auch tatsächlich von den Nutzern nachgefragt und abgenommen werden: Das Marketing. Gerade für ein sehr differenziertes Unternehmen, das noch dazu so stark von Innovation und Veränderung geprägt ist, ist es zunehmend schwierig das Nutzenversprechen nachvollziehbar und attraktiv zu vermitteln.[58] Interessierte Erstnutzer, sogenannte "lead user", müssen das neue Produkt akzeptieren und dadurch die Nachfrage durch sekundäre, frugale Nutzer steigern.[59] Diesen Effekt erzielt Campini, indem sie die oben erläuterte globale Marke aufbaut. Hierzu werden auch die Mitarbeiter genutzt, da diese als Markenbotschafter agieren und ein weltweit einheitliches Markenleitbild erschaffen wird.

Die bisher genannten Wettbewerbsvorteile stehen jedoch unter dem Verdienst der Unternehmensstruktur. Nur durch die systematische Organisation der Geschäftseinheiten innerhalb des Prozesses wird das Umfeld geschaffen, das die notwendigen Entscheidungen möglich macht. Allem voran ist hier die bereits erklärte Vertikalisierung der Wertschöpfung zu nennen, die das Marketing der Firma sehr schnell auf Trend und Veränderungen reagieren lässt.[60] Aber Campini ist zudem von einer

---

[56] Vgl. Mettig (2018), S. 128
[57] Vgl. Mettig (2018), S. 90
[58] Vgl. Mettig (2018), S. 145
[59] Vgl. Mettig (2018), S. 145
[60] Vgl. Pfetsch (2019)

vertikal zentralen Gestaltung ihrer Entscheidungskompetenz geprägt, die nach Regionen horizontal divisionalisiert in der Organisation integriert ist.[61] Das bedeutet, dass das internationale Führungsteam nach wie vor gebündelt ihre Entscheidungen trifft, konzeptionell jedoch in allen wichtigen Standorten des Unternehmens vor Ort ist. Das ermöglicht der Unternehmensführung global einheitliche, dem Markenleitbild konforme Entscheidungen zu treffen, dabei aber alle wichtigen lokalen Faktoren zu berücksichtigen.

Abschließend lässt sich feststellen, dass der Erfolg des Unternehmens Campini keinesfalls dem Zufall zuzuschreiben, sondern vielmehr das Ergebnis einer sehr durchdachten Unternehmensstrategie ist, die sich vom Produktkonzept, über die Vertriebswege und Marketingstrategien, bis hin zur Unternehmenskultur selbst erstreckt. Campini erschließt durch ihr von Differenzierung und Innovation geprägtes Geschäftsmodell immer neue Märkte, und damit auch Kundensegmente, denen sie dann immer neue Produkte anbieten kann, um die einzelnen Produktlebenszyklen sich gegenseitig ablösen zu lassen und nie in eine Tiefphase zu gelangen.

3.3 Die potenziell relevanten Anspruchsgruppen der Firma Campini

Wie in Kapitel 2. bereits erläutert kann die Wechselwirkung zwischen verschiedenen Anspruchsgruppen in einem Unternehmen zu großen Interessens- und Wertkonflikten führen. Ein solcher Konflikt zeichnet sich vor allem ab, wenn die Organisation selbst in hohem Maße abhängig von den betroffenen Personengruppen ist und von ihnen beeinflusst werden kann. Klassischer Weise ist dies der Fall, wenn der Kapitalgeber oder Eigentümer sich über die Entscheidungen des Managements oder der Mitarbeiter hinwegsetzt und keinerlei Abweichungen von seiner Meinung zulässt. Solche Szenarien bestimmen den Alltag jedes Unternehmens in der Praxis und sollten daher, auch in Bezug auf die jeweilige Rechtform und den daraus resultierenden Aufbau der Organisation, genaustens beobachtet und möglichst vorteilhaft gestaltet werden [62]

Im Mittelpunkt der anspruchsorientierten Betrachtung stehen die Gründer und Eigentümer des Familienunternehmens Campini. Finanzieller und allgemein wirtschaftlicher Erfolg sind ihnen besonders wichtig. In aller Regel nehmen Inhaber von Familienunternehmen auch sehr viel Einfluss auf die internen Entscheidungen und Prozesse, weil das Bestehen und die Kontinuität des Unternehmens von hoher

---

[61] Vgl. Mettig (2018), S. 135 ff.
[62] Vgl. Siegel (2019), S. 22 ff.; Vgl. Mettig (2018), S. 30 ff.; Vgl. Müller-Stewens/Lechner (2011), S. 150 ff.; Vgl. Faust/Lotter (2017), S. 439; Vgl. Porter (1985), S. 5 f.; Vgl. Wehrum/Mainoo (2014), S. 61

Bedeutung sind. In jedem Fall hat diese Anspruchsgruppe den größten Einfluss auf das Unternehmensgeschehen und hat daher höchste Priorität.

Die zweite interne Anspruchsgruppe der Bezugsquellen besteht im vorliegenden Fall aus allen Beteiligten, die am Produktions- und Vermarktungsprozess der Firma teilhaben. Aufgrund der Vertikalisierung fallen hierunter alle Mitarbeiter der Produktionsstätten, der Lieferung, des Kundenservices sowie der Unternehmensführung und Verwaltung. Im Vordergrund steht hier vor allem die wirtschaftliche Lage, also der Bestand des Unternehmens, kurzum die Sicherung der Arbeitsplätze und damit der existenziellen Grundlage. Aber auch die persönliche Entwicklung und Verwirklichung, die soziale Verknüpfung und Wertschätzung sind Themen, die einen ebenso großen Einfluss auf den Unternehmenseinfluss haben. Mitarbeiter sind längst nicht mehr reine Produktionsfaktoren, die objektbezogenen Arbeitsleistungen erbringen[63], sondern sind viel mehr als eigenständige Teilnehmer am Zweck des Unternehmens verstanden werden, die Ansprüche stellen, Beiträge erbringen und dafür eine Gegenleistung erhalten.[64] Im Zuge dieser Teilnahme- und Beitragsentscheidung gewinnt der Wert, der dem Personalmanagement zukommt, immer mehr an Bedeutung. Das Unternehmen Campini beantwortet diese Frage nach der Motivation zur Teilnahme mit einem ausgeprägtem Entwicklungssystem der Mitarbeiter und Führungskräfte. Wie bereits mehrfach beschrieben legt das Management außerdem sehr großen Wert auf eine von Innovation geprägte Unternehmenskultur. Um dies zu gewährleisten müssen viele kreative Freiräume geschaffen, Hierarchien abgeflacht, Autonomie und Selbstbestimmung gefördert und Netzwerken ermöglicht werden.[65] Doch weil neben der Innovation auch das allgemeine Markenleitbild wichtig ist, richtet Campini ihr Kulturmanagement ethnozentrisch aus. Das bedeutet, dass alle Standorte und Unternehmenszweige global eine Kultur teilen, und so ein Zusammenbringen verschiedenster Mitarbeiter und Personengruppen erleichtert wird.[66]

Auf externer Seite der Anspruchsgruppen befinden sich vor allem die Kunden oder Abnehmer. Diese erwarten von Campini eine möglichst qualitative und einzigartige Lösung ihrer Probleme nach den Ansprüchen der Marke, sozusagen wie sie es "gewohnt" sind. Das Angebot muss also nicht nur das Problem des Nutzers lösen, also sein Versprechen halten, sondern darüber hinaus sich auch von vergleichbaren oder gleichwertigen Produkten unterscheiden. Für die Campingausrüstung könnte das bedeuten, dass neue Funktionen oder Eigenschaften hinzugefügt werden müssen, die

---

[63] Vgl. Knoke (2017), S. 30 ff.
[64] Vgl. Knoke (2017), S. 42 ff.
[65] Vgl. Mettig (2018), S. 150 ff.
[66] Vgl. Mettig (2018), S. 138

das Produkt vom Wettbewerb abgrenzen. Geschieht dies nicht und wird der noch der höhere Preis verlangt, führt das dazu, dass sich Kunden für kostengünstigere Varianten entscheiden könnten, die ihr Problem auf die gleiche Weise lösen. Um dieses "Untertauchen in der Masse" zu vermeiden ist also eine sehr umfassende Beschäftigung mit den Interessen, Wünschen und Sorgen der Zielgruppe notwendig.

Weitere Anspruchsgruppen, die Ansprüche und Erwartungen an das Unternehmen stellen, sind die Öffentlichkeit, die Wettbewerber und der Staat. Erster Personengruppe könnte beispielsweise das Thema Nachhaltigkeit und Ökologie sehr am Herzen liegen. Um sich diesem wachsenden gesellschaftlichen Trend anzupassen sind gegebenenfalls Änderungen im Produktdesign und in dessen Herstellung notwendig.[67] Allerdings könnte mit diesem Attribut auch wiederrum gezieltes Marketing betrieben werden. Die Sicherstellung von Arbeitsplätzen und die Zahlung von Sozialleistungen und Steuern sind zudem Interessen, die die Öffentlichkeit mit dem Staat und auch den Mitarbeitern teilt. Diesen Faktoren sollte daher große Aufmerksamkeit geschenkt werden. Aufgrund der Marktführerschaft von Campini ist der Einfluss, den Konkurrenten auf sie haben, nicht gerade groß, sollte jedoch nicht vernachlässigt werden. Das Handeln der Firma bestimmt maßgeblich, wie sich der Camping-Markt verändert, daher erwächst aus der Entscheidungsfindung eine extreme Verantwortung, nicht zuletzt in Bezug auf die Öffentlichkeit.

Das Unternehmen Campini ist durch vielseitige Erwartungen von innen und außen betroffen. Um zu wissen, wie die erläuterten Beziehungen verwaltet werden können, dient das Instrument der Stakeholder-Matrix.[68]

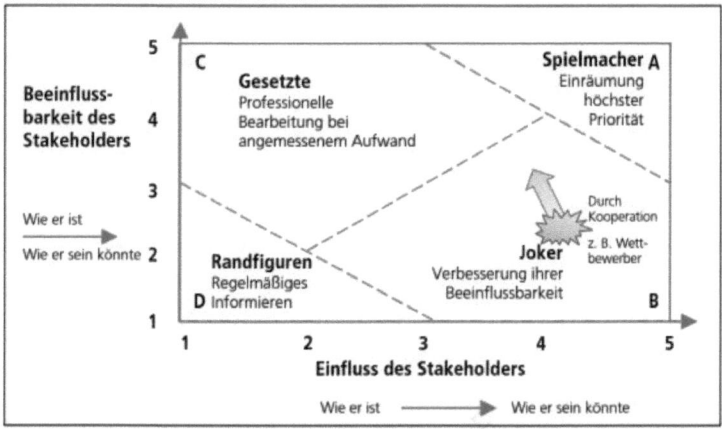

Abbildung 3: Stakeholder Matrix (Quelle: Mettig (2018), S. 74)

---

[67] Vgl. Wehrum/Mainoo (2014)
[68] Vgl. Mettig (2018), S. 72 ff.

Eine solche Übersicht hilft festzustellen, welche der Anspruchsgruppen für das Unternehmen relevant sind, welchen Einfluss sie haben und wie auf sie eingewirkt werden sollte. In der Kategorie A sind die sogenannten Spielmacher zu finden. Sie haben einen großen Einfluss, können aber auch stark beeinflusst werden. Im Fall von Campini fallen hierunter neben den Kunden vor allem die Bezugsquellen, da diese Erwartungen stellen, aber auch Beiträge für eine bestimmte Gegenleistung erbringen. Mitarbeiter und Führungskräfte haben daher für Campini oberste Priorität.

Ein besonderes Augenmerk sollte allerdings auf Kategorie B – die Joker gelegt werden. Vor allem der Staat und die Öffentlichkeit stellen Ansprüche an Campini, auf die dringend reagiert werden muss. Daher sollten diese Anspruchsgruppen beobachtet werden und – zumindest im Fall der Öffentlichkeit – aktiv auf deren Meinungsbildung eingewirkt werden, um den Einfluss auf sie zu erhöhen.

Im Sektor C befinden sich als Gesetzte unter Anderem neue Wettbewerber, die durch die hohen Markteintrittsbarrieren und die Monopolstellung im Markt leicht beeinflusst werden können, die selbst aber wenig Einfluss auf Campini wirken können. Allerdings sollten diese weiterhin beobachtet werden, um zu verhindern, dass neue Innovationen verpasst werden und damit der Wettbewerbsvorteil abgegeben wird.

Zu guter Letzt umfasst der Abschnitt D alle Randfiguren, also Personengruppen, die für die Betrachtung von geringer Bedeutung sind. Der Zeitaufwand sollte hier auf ein Minimum beschränkt werden.

Die Stakeholder-Analyse zeigt, dass auch das Anspruchsgruppen-Management ein sehr aufwändiger Bereich ist, der sich aber direkt auf den Erfolg des Unternehmens auswirkt. Eine Beschäftigung mit den relevanten Anspruchsgruppen ist daher unerlässlich.[69]

---

[69] Vgl. Mettig (2018), S. 73 ff.; Vgl. Siegel (2019), S. 22 ff.

4. Diskussion

Obwohl ein so detailreiches Geschäftsmodell nach der "Business Model Canvas" erhebliche Vorteile für das Handeln der Unternehmensführung bringt, stellt sich dennoch die Frage, ob dieses theoretische Konstrukt tatsächlich nützlich für die Praxis ist. Können die Bausteine unter Kapitel 3.2 wirklich so eindeutig und strukturiert abgegrenzt und analysiert werden? Und können Handlungsempfehlungen, wie etwa die aus der Stakeholder-Matrix unter Kapitel 3.3, auch in dieser Form umgesetzt werden?

Das Entwerfen einer solchen Übersicht und damit die genaue Analyse eines Unternehmens anhand vorher festgelegter Kriterien ist keinesfalls eine Neuheit oder das bloße Erkenntnisinteresse wissenschaftlichen Forschens. Vielmehr erfordert gezieltes unternehmerisches Handeln fundierte Entscheidungen. Und die hierfür nötigen Informationen können oder müssen sogar anhand von Geschäftsanalysen erarbeitet werden. Die "Business Model Canvas" von Osterwalder und Pigneur ist dabei lediglich eines der vielzähligen Instrumente zur Positionsbestimmung in der Gegenwart und damit auch der geplanten Strategieentwicklung für die Zukunft.

Für eine Unternehmensführung ist es von hoher Wichtigkeit, über die Prozesse und Kennzahlen ihrer Produktion und Vermarktung Bescheid zu wissen. Ohne eine umfangreiche Betrachtung des Ist-Zustandes ist eine zielgerichtete Steuerung in Richtung des Soll-Zustandes schlichtweg nicht möglich. Daher sind Organisationen, die langfristig funktionieren wollen, mehr oder weniger gezwungen, sich dauerhaft der Prüfung ihrer internen Werte zu widmen und anhand dieser Daten konkrete Entscheidungen zu treffen, die den Weg des Unternehmens in die gewünschte Richtung lenken.

Die Auflistung der verschiedenen Bausteine und Faktoren erfolgt dabei nicht immer in gleicher Weise wie in dieser Arbeit und wird oftmals auch nicht schriftlich in dieser Form festgesetzt. Eine Messung der Unternehmensdaten und die Generierung von richtungsweisenden praxeologischen Aussagen[70] ist jedoch in jedem bestehenden Unternehmen an der Tagesordnung, wenn nicht sogar Gegenstand des unternehmerischen Handelns.

---

[70] Vgl. Knoke (2017), S. 24

5. Ausblick

Auch wenn diese Arbeit nur einen sehr kleinen Teil eines Unternehmensgeschehens betrachtet, so gibt sie dennoch einen Einblick, durch wie viele Faktoren dieses geprägt ist und auf was ein erfolgsorientiertes Unternehmen achten muss.

Die Gesellschaft, und damit auch die Umwelt, in der Organisationen funktionieren wollen, ist von schnellen Veränderungen gekennzeichnet – allen voran der Digitalisierung. Daher fällt ist Gründern zunehmend schwer, die in der Einleitung besprochenen Herausforderungen auch dauerhaft zu bewältigen. Nur wer es schafft, sich der Gefahren für den Geschäftsbetrieb bewusst zu sein und aufgrund erhobener valider Daten die richtigen Entscheidungen zu treffen, kann als Gewerbetreibender bestehen bleiben.

Das Familienunternehmen Campini hat es geschafft sich Wettbewerbsvorteile zu erarbeiten, weil es di klare Linie der qualitativ hochwertigen Innovationen verfolgt und arbeitet nun kontinuierlich daran, diese Erfolgsfaktoren geschickt einzusetzen. Dennoch darf sich die Unternehmensführung nicht auf diesen Lorbeeren ausruhen, da sie aufgrund der schwankenden Erwartungen und im Zuge von raschen Veränderungen der Gesellschaft immer neuen Problemstellungen ausgesetzt ist, die es zu lösen gilt. Das eigene Geschäftsmodell zu analysieren, zu exzerpieren und regelmäßig zu kontrollieren kann dabei die Stütze darstellen, die das Handeln der Unternehmensführung stabilisiert und auch in Zukunft zum wirtschaftlichen Erfolg führen wird.

Literaturverzeichnis

Bundesverband Deutsche Startups; PwC; Uni Duisburg-Essen, Lehrstuhl für E-Business und E-Entrepreneurship, Prof. Dr. Tobias Kollmann, netCAMPUS (2020). *Deutscher Startup Monitor 2020.* Zugriff am 09.11.2020, Verfügbar unter https://de.statista.com/statistik/daten/studie/705683/umfrage/umfrage-zu-aktuellen-herausforderungen-fuer-startups-in-deutschland/

Faust, Maximilian und Lotter, Dennis (2017). *Mit dem Sustainable Business Model Canvas Geschäftsmodelle nachhaltig gestalten.* Aus: Patrick Bungard (2018). CSR und Geschäftsmodelle. Management-Reihe Corporate Social Responsibility. Berlin, Heidelberg: Springer Gabler.

Jodlbauer, Herbert (2020). *Geschäftsmodelle erarbeiten.* Wiesbaden: Springer.

Lukas, Tobias (2018). *Business Model Canvas – Geschäftsmodellentwicklung im digitalen Zeitalter.* Aus: Sven Grote und Rüdiger Goyk (2018). Führungsinstrumente aus dem Silicon Valley. Berlin, Heidelberg: Springer Gabler.

Müller-Stewens, Günter und Lechner, Christoph (2011). *Strategisches Management. Wie strategische Initiativen zum Wandel führen* (4. Auflage). Stuttgart.

Olfert, Klaus (2010). *Kostenrechnung* (16. Auflage). Zugriff am 09.11.2020, Verfügbar unter https://wirtschaftslexikon.gabler.de/definition/kosten-39327/wikipedia

Osterwalder, Alexander und Pigneur, Yves (2010). *Business Model Generation.* New Jersey.

Pfetsch, Katharina (2019). *Das Prinzip der Vertikalisierung im Online Marketing: Wenn der Hersteller auf den Kunden trifft.* Zugriff am 09.11.2020, Verfügbar unter https://www.internetwarriors.de/blog/das-prinzip-der-vertikalisierung-im-online-marketing/

Porter, Michael E. (1985). *Competitive Advantage.* New York.

Prof. Dr. Mettig, Till (2018). Studienbrief *Grundfragen der Unternehmensführung* (2. Auflage). Riedlingen: SRH Hochschule.

Prof. Dr. Knoke, Martin (2017). Studienbrief *Betriebswirtschaft als Wissenschaft* (1. Auflage). Riedlingen: SRH Hochschule.

Rößler, Ayla (2018). *Internal City Branding.* Bremen.

Schlimbach, Ricarda und Asghari, Riza (2020). *Das Digital Canvas: Ein Instrument zur Konzeption digitaler Geschäftsmodelle.* Wiesbaden: Springer.

Siegel, Thomas (2019). *Gesamtheitliche Unternehmensführung für Gründer.* Wiesbaden: Springer.

Wehrum, Konstantin und Mainoo, Manuel (2013). Spektrum Artikel: *Nachhaltigkeit in Management-Systemen — Stakeholder als Erfolgsfaktor.* Wiesbaden.

Übelhör, Jochen (2018). *Industrieunternehmen und die Transformation von Geschäftsmodellen im Kontext der Digitalisierung – Eine empirische Studie über die Auswirkungen anhand des Business Model Canvas.* Wiesbaden: Springer.